Lernstände diagnostizieren

Deutsch Klasse 2 - 4

Schroedel

Lernstände diagnostizieren

Um Kinder beim Lernen zu begleiten und individuell zu beraten, ihre Motivation, Eigeninitiative und Erfolgszuversicht zu fördern, ist eine genaue Diagnose der Lernausgangslage und des Lernfortschritts erforderlich.

Kinder, die die ersten beiden Schuljahre erfolgreich durchlaufen haben, verfügen bereits über Fähigkeiten, Fertigkeiten und Kenntnisse in den jeweiligen Fächern. Diese Kenntnisstände sollten auch mit den Lernzielen und Vorgaben übereinstimmen, die mit der Einführung festgelegter Standards geplant sind.

Die vorliegenden Unterlagen unterstützen Sie einerseits in der Überprüfung der verbindlichen Anforderungen im Fach Deutsch in den Klassen 2, 3 und 4, andererseits geben sie Ihnen entsprechende Hinweise auf etwaigen Förderbedarf. Auch kann Ihnen das Material helfen, Teile Ihres Unterrichts auf die Bedürfnisse der Kinder zuzuschneiden. Es ist also auch als Instrument der Qualitätskontrolle zu verwenden.

Kompetenzbereiche

Entsprechend den verbindlichen Anforderungen und den Bildungsstandards wurden für das Fach Deutsch die Schwerpunkte in folgenden Bereichen gesetzt:

- Umgang mit Texten: Lesen
- Schriftliches Sprachhandeln: Rechtschreiben
- Sprache reflektieren
- Schriftliches Sprachhandeln: Schreiben

Den Aufgabenblättern sind unterschiedliche Aspekte der verbindlichen Anforderungen zugeordnet. Die Fußzeilen weisen zur besseren Orientierung die sprachlichen Aufgabenschwerpunkte genau aus.

Thematik

Die Aufgabenblätter eines Klassensatzes beziehen sich inhaltlich auf bestimmte Themengebiete.

Das Thema „Tiere" wurde für die 2. Klasse gewählt, da es Kinder dieser Altersstufe emotional besonders anspricht. Zudem wird das Thema „Tiere" auch im Sachunterricht der beiden ersten Klassen behandelt. Folglich dürften sich keine Probleme in Bezug auf die Sachkenntnisse ergeben, die für das inhaltliche Verständnis der einzelnen Seiten notwendig sind.

In den Diagnosematerialien der Klasse 3 dreht sich alles um das Thema „Freizeit". Die wachsende Unabhängigkeit und das Erkunden der Lebenswelt der Kinder dieser Altersgruppe spiegelt sich in der Thematik der Aufgaben (Brief vom Ponyhof, Nachtwanderung usw.).

Das Thema „Fantasie" steht im Mittelpunkt der Aufgabensammlung der Klasse 4. Inhalte und Aufgaben sind dem nun schon entwickelten Sprachgefühl angepasst und regen zum Experimentieren mit Sprache an.

Durchführung

Die Durchführung der einzelnen Seiten eines Klassensatzes unterliegt keiner bestimmten Reihenfolge. Maßgeblich sollte Ihre Unterrichtsprogression sein. Denkbar ist der Einsatz der Materialien sowohl als Lernzielkontrolle am Ende einer Unterrichtseinheit für alle Kinder einer Lerngruppe oder auch zur stichprobenartigen oder kontinuierlichen Überprüfung von Fähigkeiten und Fertigkeiten in angegebenen Teilbereichen. Eine Verwendung der Materialien als Basis und Anregung für differenzierende Klassenarbeiten ist ebenso möglich und wurde erfolgreich erprobt.

Der zeitliche Umfang zur Bewältigung der einzelnen Aufgaben sollte mit Blick auf das unterschiedliche Arbeitstempo nicht einheitlich angesetzt werden.

Auch hier gilt: Lernstände zu diagnostizieren heißt nicht, Kinder in unangenehme Testsituationen zu bringen. Vielmehr ist es wichtig, die Kinder mit Hilfestellungen (zeitlich, inhaltlich usw.) zur Lösung der Aufgaben zu motivieren, ihnen aber auch klare Vorgaben zu machen.

Aufgabenstellung

Grundsätzlich ist immer auf eine sorgfältige Klärung des Aufgabenverständnisses zu achten. Wenn nötig, führen Sie mit den Kindern Beispiele durch und vergewissern sich, dass Aufgabenstellungen genau verstanden werden. Da Sie als Lehrkraft einer Klasse am besten wissen, welches Lernniveau Ihre Schülerinnen und Schüler haben, erschließt sich Ihnen sicher auch sofort, welche Aufgabenformen der zusätzlichen Erklärung bedürfen.

Aufbau der Aufgabenblätter

Der Schwierigkeitsgrad nimmt sowohl innerhalb einer Aufgabe als auch einer Seite zu. Dies zeigt sich z. B. im Umfang der Aufgaben oder auch in zunehmend komplexeren Aufgabenstellungen. Die Aufgaben der Klasse 4 verlangen so ein deutlich gesteigertes Abstraktionsvermögen und Transferleistungen.

Um Selbsteinschätzung und Reflexion anzuregen, finden auch die Kinder am Ende jedes Blattes einen Platz, um die Arbeit auf dieser Seite zu kommentieren. Dieser Kommentar kann auch Anlass zu einem Lerngespräch bieten.

Auswertung

Im Vordergrund der Auswertung sollten diagnostische Gesichtspunkte stehen. Ziel ist es, Schwächen und Stärken von Kindern bezogen auf bestimmte Lerninhalte und Kompetenzen zu ermitteln. Fehler sollten dabei nicht ausschließlich negativ beurteilt werden, sondern zur Dokumentation des Lernstandes innerhalb des Lernprozesses dienen.

Für jede Aufgabe gibt es einen genauen Lösungsschlüssel. Sämtliche Teilleistungen (Items), die in einer Aufgabe zu bewältigen sind, wurden einzeln aufgeschlüsselt. So ist es auch möglich, anhand der Items die Bewertungen von einzelnen Aufgaben in Relation zu setzen.

Auch ist es sinnvoll, sich Notizen über das Arbeitsverhalten und die Motivation jedes einzelnen Kindes zu machen: Wie arbeitet das Kind (planvoll – planlos, schnell – langsam, sorgfältig – hastig)? Mit welchem Motivationsgrad nähert sich ein Kind der Aufgabe (bemüht sich – bemüht sich nicht, gibt nicht auf – gibt schnell auf)?

Ergebnisse

Die Diagnoseergebnisse zeigen nicht nur den aktuellen Lernstand des jeweiligen Kindes in den entsprechenden Bereichen, sie geben auch Hinweise auf weiteren Förderbedarf. Und eine gezielte Förderung der erkannten Defizite sollte der Diagnose der Lernstände auf jeden Fall folgen. Ebenso eignen sich die Ergebnisse zu Langzeitbeobachtungen, etwa um die Wirksamkeit individueller Förderpläne zu überprüfen.

Tipps

Um kindgerecht und lernwegbegleitend zu fördern und Kindern ihre Fortschritte sichtbar zu machen, bieten sich zusätzlich zu den vorliegenden Materialien folgende Instrumente an:

- Lerntagebuch
- Portfolio

Lernergebnisse und auch Lernwege werden so für alle Beteiligten nachvollziehbar.

Aufgabenschwerpunkte im Überblick

	Klasse 2	Klasse 3	Klasse 4
Umgang mit Texten: Lesen	Genaues Lesen: Malen nach Angaben	Genaues Lesen: Malen nach Angaben	Genaues Lesen: Fragen zum Text
	Textinformationen vergleichen	Textinformationen vergleichen	Textinformationen übertragen
Schriftliches Sprachhandeln: Rechtschreiben	Sortieren nach dem Alphabet	Sortieren nach dem Alphabet	Sortieren nach Wortarten
	Silbentrennung	Silbentrennung: Wörter mit -tz, -ck	
	Pluralformen	Pluralformen	Pluralformen
	Großschreibung von Nomen	Groß- und Kleinschreibung in Satzgliedern	Groß- und Kleinschreibung im Satz
	Doppelkonsonanten	Doppelkonsonanten	Wörter mit s, ss, ß
	Wörter mit D/d und T/t	d/t, b/p oder g/k am Wortende	
	Umlaute		
Sprache reflektieren	Verben verändern sich	Verben: Grundformen und andere Formen	Verben: Zeiten
	Nomen und Artikel		Nomen aus Adjektiven und Verben
	Satzzeichen und Großschreibung	Satzzeichen	Satzzeichen: Wörtliche Rede
	Adjektive verändern sich		Adjektive verändern sich
			Adjektive: Steigerung
Schriftliches Sprachhandeln: Schreiben	Text verfassen	Beschreiben	Brief schreiben
	Reihenfolge beachten	Satzanfänge überarbeiten	Satzproben

Protokollbogen Klasse 2

Name des Kindes: _____   Klasse: _____

Nr.		Datum	Lehrkraft	Bewertung
Umgang mit Texten: Lesen				
2.2	Genaues Lesen	Der Waschbär (1)		
2.3	Genaues Lesen: Malen nach Angaben	Der Waschbär (2)		
2.4	Vergleichen von Textinformationen	Der neue Hund		
Schriftliches Sprachhandeln: Rechtschreiben				
2.5	Pluralformen	Tiere, Tiere, Tiere		
2.5	Sortieren nach dem Alphabet	Tiere, Tiere, Tiere		
2.5	Silbentrennung	Tiere, Tiere, Tiere		
2.6	Großschreibung von Nomen	Im Zirkus ist was los		
2.6	Doppelkonsonanten	Im Zirkus ist was los		
2.7	Umlaute	Wer macht was?		
2.8	Wörter mit D/d und T/t	Ein Tierrätsel		
Sprache reflektieren				
2.9	Nomen und Artikel	Viele Tiere		
2.10	Adjektive verändern sich	Im Zoo		
2.11	Satzzeichen und Großschreibung	Was Tiere gern fressen		
2.12	Verben verändern sich	Was machst du?		
Schriftliches Sprachhandeln: Schreiben				
2.13	Text verfassen	Mein Tag als …		
2.14	Reihenfolge beachten	Meine Katze		

Diagnose 2.1   Protokollbogen

Datum: _____

Name:

Der Waschbär (1)

 Lies den Text zuerst ganz durch.

- Es ist ein schöner Sommertag. Die Sonne lacht vom Himmel.
- Ein Waschbär sitzt im Gras.
- Sein Pelz ist graubraun.
- Sein Fell im Gesicht ist weiß.
- Sein buschiger Schwanz hat vier dunkle Ringe.
- Es sieht so aus, als hätte er eine schwarze Maske über den Augen.
- Deshalb kann man seine schwarzen Augen nur schwer erkennen.
- Er trägt ein paar lange helle Barthaare rechts und links von seiner schwarzen Schnauze.
- An jeder Tatze hat er fünf lange Krallen.
- Über seinem Kopf fliegen drei Schmetterlinge in der Luft, zwei große blaue und ein kleiner roter.
- Rechts neben dem Waschbären liegt ein großer grauer Stein im Gras.
- Darauf hockt ein gelber Vogel.
- Links neben dem Waschbären liegt ein langer Ast.
- Darauf krabbeln vier dicke Spinnen.
- Im Hintergrund stehen ein paar Bäume mit grünen Blättern.
- Einer davon ist ein Apfelbaum mit vielen roten Äpfeln an den Zweigen.

Datum: _____

Der Waschbär (2)

2 Male den Waschbären genau so, wie es im Text steht.
Male auch die anderen Tiere und den Hintergrund.

Diagnose 2.3   Lesen: Malen nach Angaben   7

Der neue Hund

 Lies den Text genau durch.

Jennifer geht mit ihrer Oma in ein Tierheim.
Sie möchte sich dort ein Tier aussuchen.
Ein Hund gefällt ihr besonders gut. Den hätte sie gern.
Er ist noch klein und hat ein weißes, zotteliges Fell.
Auf dem Rücken erkennt Jennifer vier runde braune Flecken.
Die beiden Vorderpfoten sind dunkelbraun, die hinteren weiß.
Der weiße Schwanz ist sehr kurz. Ein Ohr hängt ganz schlapp herunter.
Der Hund guckt Jennifer aus seinen schwarzen Augen scheu an.
Am Abend erzählt Jennifer zu Hause von dem Hund.
Ihre Mutter will ihn am nächsten Morgen abholen.
Nach der Schule rennt Jennifer schnell nach Hause.
Sie freut sich auf ihren Hund.
Und da steht er an der Tür und wedelt aufgeregt mit seinem langen
braunen Schwanz. Die schwarzen Augen schauen Jennifer neugierig an.
Er hebt die linke weiße Vorderpfote hoch.
Plötzlich ruft Jennifer ganz laut: „Mama, das ist gar nicht der Hund,
den ich mir gestern ausgesucht habe!
Du hast einen anderen Hund abgeholt!"

 Unterstreiche die Stellen im Text, an denen Jennifer erkennt,
dass ihre Mutter nicht den kleinen Hund abgeholt hat,
den sie im Tierheim gesehen hat.

Diese Seite war für mich   leicht   mittel   schwer

weil _____

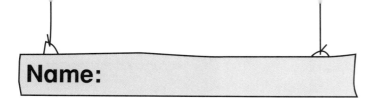

Datum: _____

Tiere, Tiere, Tiere

 Male einen grünen Punkt hinter die Wörter, die in der Mehrzahl stehen.
Male einen roten Punkt hinter die Wörter, bei denen Einzahl und Mehrzahl gleich aussehen.

Tiger	Schmetterlinge	Floh	Löwe
Pony	Affe	Eichhörnchen	Hund
Schweine	Hahn	Krokodile	Küken
Biene	Pferde	Vögel	Rennmäuse

2 Sortiere die Tiere nach dem ABC.

1.	5.	9.	13.
2.	6.	10.	14.
3.	7.	11.	15.
4.	8.	12.	16.

3 Suche dir für jede Spalte zwei Tiere aus und schreibe sie mit Trennstrichen auf.
In der zweiten Spalte findest du schon ein Beispiel.

1 Silbe	2 Silben	3 Silben	4 Silben
	Pfer - de		

Diese Seite war für mich   ☺ leicht   ☺ mittel   ☹ schwer

weil _____

Diagnose 2.5   Rechtschreiben/Sprache reflektieren: Alphabet, Plural, Silbentrennung

Name:

Datum: _____

Im Zirkus ist was los

1 Schreibe die Bildwörter in die Lücken.

2 Trage die fehlenden Buchstaben ein.
Tipp: In den Wörtern kommt entweder **ff**, **ll**, **mm**, **nn**, **pp**, **ss** oder **tt** vor.

Heute kommen viele Kinder zum großen Zirkuszelt. Kaum sitzen sie

auf ihren Plätzen, da beginnen viele *Männer* in bunten

Uniformen auf ihren roten _____ zu spielen.

Zuerst fahren drei Clowns auf einem riesigen _____

in die Manege. Hinter ihnen taucht ein Elefant auf

und bespritzt sie mit _____ .

Ein Clown zieht eine dicke _____ aus seiner Tasche.

Mit der will er den _____ abklemmen.

Danach wi_____en Seehunde auf einem langen _____ .

Sie werfen mit ihrer Schnauze einen _____ hin und her.

Ein kleiner _____ will die Seehunde mit _____

fü_____ern. Der Zirkusdirektor kna_____t oft mit der Peitsche,

damit die Tiere wi_____en, welche _____ sie

als nächste vorführen so_____en. Den Zuschauern gefä_____t

das _____ .

Diese Seite war für mich   😊 leicht   😐 mittel   😠 schwer

weil _____

Name: _____ Datum: _____

Wer macht was?

1 Was passt zusammen? Verbinde.
Nimm für jeden Satz eine andere Farbe.

Der Hund	fahren	mit seinem Ringelschwanz.
Die Katze	tragen	auf der Stange.
Der Arbeiter	vergraben	blitzschnell eine Maus.
Das Huhn	fangen	einen Eimer voll mit Milch.
Das Schwein	schlafen	einen dicken Knochen.
Der Bauer	wackelt	langsam mit dem Traktor.

2 Schreibe nun vier sinnvolle Sätze auf.

1. _____
2. _____
3. _____
4. _____

3 Schreibe drei Sätze auf, in denen du die Nomen aus der ersten Spalte in der Mehrzahl verwendest.

1. _____
2. _____
3. _____

Diese Seite war für mich   ☺ leicht   😐 mittel   ☹ schwer

weil _____

Diagnose 2.7   Rechtschreiben: Umlaute   11

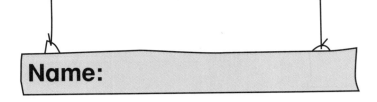

Datum: _____

Ein Tierrätsel

 Ergänze **D/d** und **T/t**.

Das _ier gehör_ zu den Vögeln.

Es leb_ an Lan_ in feuch_en Wiesen

und am Ran_ von flachen Seen und Teichen.

Das _ier bleib_ nich_ das ganze Jahr über bei uns.

Es flieg_ in südliche Län_er, wenn es bei uns käl_er wir_.

Der Vogel friss_ Würmer, Frösche, Insek_en und auch Mäuse.

Der Vogel bau_ sein großes Nes_ in hohen Bäumen

und manchmal auch auf dem _ach eines Hauses.

Er ist ein großer Vogel und geh_ auf langen ro_en Beinen.

Seine Flügel, die man auch „Schwingen" nennt, sind weiß

mit einem brei_en schwarzen Ran_.

Manche Leu_e sagen, dieser Vogel bring_

die neugeborenen Babys zu ihren El_ern.

Das Tier heißt: _____

Diese Seite war für mich   ☺ leicht   😐 mittel   ☹ schwer

weil _____

Name: _____ Datum: _____

Viele Tiere

1 Verbinde die Nomen mit den richtigen Artikeln.

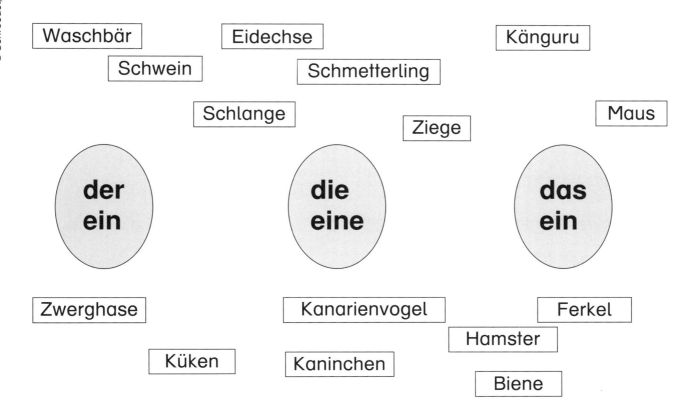

2 Wie sehen die Tiere aus? Schreibe die richtigen Adjektive dazu.

Das Schwein ist .	bunt
Das Küken ist .	rosa
Der Schmetterling ist .	grau oder weiß
Die Biene ist .	gelb
Die Maus ist .	schwarz und gelb

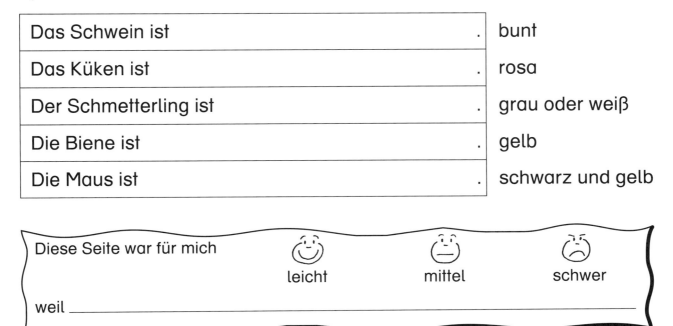

Diese Seite war für mich   leicht   mittel   schwer

weil _____

Diagnose 2.9   Sprache reflektieren: Nomen und Artikel; Adjektive

Datum: _____

Im Zoo

 Unterstreiche die Adjektive.

Britta besucht heute mit ihrer Oma den Zoo.
Ob sie wohl viele fremde Tiere zu sehen bekommt?
Im Affenhaus ist es warm. Außerdem stinkt es dort.
Zwei Affen sitzen nebeneinander und kraulen sich ihr weiches Fell.

2 Setze die Wörter richtig ein.

Der Löwe ist (gefährlich) _____ . Er steht im Käfig und brüllt.

Das (faul) _____ Nashorn liegt im Wasser.

Die (schön, bunt) _____ Schmetterlinge fliegen

(hoch) _____ durch die Luft.

3 Setze ein passendes Adjektiv ein.

Die beiden _____ Elefanten werden gerade abgespritzt.

Dabei heben sie ihre _____ Rüssel und trompeten laut.

Nach einer Weile sind sie wieder _____ .

Sie gehen zurück ins _____ Elefantenhaus.

Diese Seite war für mich   ☺ leicht   😐 mittel   ☹ schwer

weil _____

Diagnose 2.10   Sprache reflektieren: Adjektive verändern sich

Name: Datum: _____

Was Tiere gern fressen

 Lies den Text genau durch.

Wellensittiche mögen gern Apfelstücke und Salat die Vögel im Wald ernähren sich von Insekten, Beeren und Raupen Katzen fressen lieber Leber, Fisch, Mäuse und Vögel wusstest du, dass Eichhörnchen auch Beeren, Pilze, Eier und Jungvögel verspeisen die Fische im Aquarium bekommen nur Teichfutter für den Garten sind die Igel wirklich praktisch, denn Schnecken und Mäuse sind ihre Lieblingsspeise die Schnecken fressen nämlich gern in der Nacht im Garten die Jungpflanzen und den Salat auf Wurzeln, Feldfrüchte, Kleintiere und Kräuter stehen auf der Speisekarte von Feldhasen und Wildkaninchen wenn du ein Haustier hast, weißt du bestimmt auch, was es gern frisst.

② Setze am Ende eines jeden Satzes einen farbigen Punkt.
③ Achtung, einmal musst du ein Fragezeichen an das Satzende setzen.
④ Das erste Wort am Satzanfang schreibt man immer groß.
   Verbessere die kleingeschriebenen Wörter mit einem farbigen Stift im Text.

Diese Seite war für mich   ☺ leicht   ☺ mittel   ☹ schwer

weil _____

Datum: _____

Was machst du?

1 Schreibe die Verben in der richtigen Form in die Tabelle.

| **springen** | **laufen** | **kriechen** | **fressen** |
| **schlafen** | **spielen** | **fallen** | **rennen** |

Grundform	ich …	du …	ihr …
gehen	*ich gehe*	*du gehst*	*ihr geht*

Diese Seite war für mich 😊 leicht   😐 mittel   😠 schwer

weil _____

Diagnose 2.12   Sprache reflektieren: Verben verändern sich

Name:

Datum: _____

Mein Tag als _____

1 Stelle dir vor, du bist eines der Tiere auf dieser Seite.
Was würdest du den ganzen Tag machen?

Morgens ... _____

_____

_____

_____

Mittags ... _____

_____

_____

_____

Abends ... _____

_____

_____

_____

Diese Seite war für mich   leicht   mittel   schwer

weil _____

Diagnose 2.13   Schreiben: Text verfassen   17

Name: _____   Datum: _____

Meine Katze

1 Lies den Text genau durch.

2 Nummeriere die Sätze in der richtigen Reihenfolge.

- ○ Sie liegt dann am liebsten in ihrem Körbchen.
- ○ Dann fauchen und schreien alle ganz laut.
- ○ Sie ist schwarz und hat einen weißen Fleck auf der Stirn.
- ○ Abends liegt sie meistens auf dem Sofa und schnurrt.
- ○ Die toten Mäuse legt sie vor unsere Haustür.
- ○ Meine Katze heißt Sternchen.
- ○ Nachmittags prügelt sie sich manchmal mit anderen Katzen.
- ○ Nach der Mäusejagd ruht sie sich gern aus.
- ○ Am Morgen läuft sie draußen herum und fängt Mäuse.

3 Schreibe die Geschichte in der richtigen Reihenfolge ab.

1. _____
2. _____
3. _____
4. _____
5. _____
6. _____
7. _____
8. _____
9. _____

4 Lies die Geschichte zur Sicherheit noch einmal durch.

Diagnose 2.14   Schreiben: Reihenfolge beachten; Abschreiben   18

Protokollbogen Klasse 3

Name des Kindes: _____   Klasse: _____

Nr.		Datum	Lehrkraft	Bewertung
Umgang mit Texten: Lesen				
3.2	Genaues Lesen	Der Traumspielplatz (1)		
3.3	Genaues Lesen: Malen nach Angaben	Der Traumspielplatz (2)		
3.4	Textinformationen vergleichen	Bohnenkernweitspucken		
Schriftliches Sprachhandeln: Rechtschreiben				
3.5	Sortieren nach dem Alphabet	Das ABC-Spiel		
3.6	Silbentrennung: Wörter mit -tz, -ck	Brief vom Ponyhof		
3.7	Silbentrennung	Seltsame Erfindungen		
3.8	Pluralformen	Regeln im Schullandheim		
3.9	Groß- und Kleinschreibung in Satzgliedern	Urlaubswünsche		
3.10	Doppelkonsonanten	Freizeit		
3.11	d/t, b/p oder g/k am Wortende	Buchstaben-Rätsel		
Sprache reflektieren				
3.12	Verben: Grundformen und andere Formen	Nachtwanderung		
3.13	Satzzeichen	Im Freibad		
Schriftliches Sprachhandeln: Schreiben				
3.14	Satzanfänge überarbeiten	Fahrradtour		
3.15	Beschreibung	Wunsch-Kinderzimmer		

Diagnose 3.1   Protokollbogen

Datum: _____

Der Traumspielplatz (1)

 Lies den Text genau durch.

Julian stellt sich seinen Traumspielplatz so vor:

Er ist rechteckig wie ein Fußballfeld.
In der Mitte findet man fünf Duschen, die aussehen wie Sonnenblumen.
In der linken unteren Ecke des Spielplatzes ist ein Grillplatz mit eingebautem Grill.
Um drei runde schwarze Steintische stehen immer vier grüne Gartenstühle.
In der Ecke links oben können Kinder auf drei Bäumen herumklettern.
Bei zwei Bäumen reichen die Äste fast bis zum Boden.
Der dritte Baum hat einen hohen glatten Stamm.
An diesem Baum hängt eine Leiter aus Tauen.
Sie wurde um einen dicken Ast gebunden.
Rechts neben den Bäumen sieht man ein Stelzenhaus ganz aus Holz gebaut.
Es hat ein dunkelblaues Dach, auf dem eine hellblaue Fahne an einem Mast weht.
An der Vorderseite ist eine Türöffnung mit einem blauweiß gestreiften Vorhang.
Auf der anderen rechten Seite des Spielplatzes gibt es in der unteren Ecke
einen kleinen Fußballplatz mit einem hohen Zaun.
Oberhalb des Fußballfeldes ist eine Wiese mit fünf Rutschen.
Sie haben alle eine andere Farbe und sind unterschiedlich hoch.
Zwischen dem Grillplatz und den Kletterbäumen möchte Julian
einen runden Sandkasten haben.
Ein kleines gelbes Drehkarussell und zwei rote Wippen
sind zwischen dem Grillplatz und dem Fußballplatz.
Julian möchte auch noch zwei Schaukeln und zwei Balancierstangen einplanen.
Aber er weiß nicht, wohin er diese malen soll. Hast du eine Idee?
Dann male auch die Schaukeln und die Balancierstangen auf der nächsten Seite.

Diagnose 3.2 Lesen: Genaues Lesen

Datum: _____

Der Traumspielplatz (2)

2 Male nun den Spielplatz so, wie er im Text beschrieben ist.

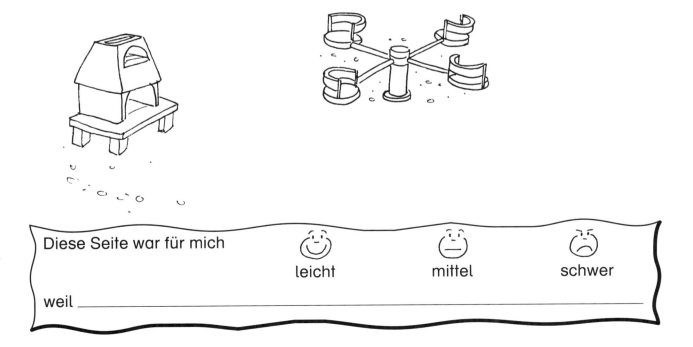

Diese Seite war für mich   😊 leicht   😐 mittel   😠 schwer

weil _____

Diagnose 3.3   Lesen: Malen nach Angaben

Name:

Datum: _____

Bohnenkernweitspucken

1. Lies dir den Text genau durch.

2. Finde heraus, in welcher Reihenfolge die Kinder siegten.

Die Kinder der Klassen 3a, 3b und 3c feierten gemeinsam mit ihren Eltern und ihren Lehrerinnen ein Klassenfest.

Julian und Anna aus der 3a, Luisa und Michael aus der 3b,

Jessica und Dennis aus der 3c machten Bohnenkernweitspucken.

Sieger war, wer in einer Minute die meisten Bohnenkerne

in einen Wassereimer spuckte, der drei Meter entfernt stand.

Dennis schaffte es nicht, die meisten Kerne in den Eimer zu spucken,

aber immerhin mehr als Julian, Anna und Jessica.

Anna war nicht die Schlechteste.

Michael traf am häufigsten neben den Eimer.

Luisa spuckte mehr Kerne als Dennis in den Eimer.

Jessica und Anna hatten gleich viele Kerne im Eimer.

Julian traf mit seinen Kernen weniger oft in den Eimer als Jessica.

1. Platz _____   _____

2. Platz _____   _____

_____

3. Hier sind noch drei Sätze. Einer stimmt. Unterstreiche ihn.

a) Als Mannschaft waren die Kinder aus der 3a am erfolgreichsten.

b) Als Mannschaft waren die Kinder aus der 3b am erfolgreichsten.

c) Als Mannschaft waren die Kinder aus der 3c am erfolgreichsten.

Diese Seite war für mich   ☺ leicht   😐 mittel   ☹ schwer

weil _____

Diagnose 3.4   Lesen: Textinformationen vergleichen

Datum: _____

Das ABC-Spiel

Die Kinder spielen das ABC-Spiel. Dabei müssen sie innerhalb einer Minute möglichst viele Nomen mit sechs Buchstaben aufschreiben, die alle mit **K** beginnen.
Nach einer Minute nennen alle Kinder die Wörter, die sie gefunden haben:

> Kerker, Kreise, Kammer, Kultur, Kritik, Kreide, Kuchen, Kaktus, Kragen, Kneipe, Kurven, Koffer, Kusine, Kloster, Katzen, Kirmes, Kessel, Klecks, Kakadu, Kupfer, Kisten, Kamera, Konfekt, Kummer, Kasten, Kordel

1 Lies die Wörter im Kasten genau durch.
Zwei haben keine sechs Buchstaben. Streiche sie durch.

2 Sortiere die Wörter mit sechs Buchstaben nach dem Alphabet.
Achte besonders auf den zweiten und dritten Buchstaben.

1. *Kakadu*	9.	17.
2. *Kaktu …*	10.	18.
3.	11.	19.
4.	12.	20.
5.	13.	21.
6.	14.	22.
7.	15.	23.
8.	16.	24.

3 Findest du noch zwei weitere Nomen, die mit **K** anfangen und sechs Buchstaben haben?

_____   _____

Diese Seite war für mich   leicht   mittel   schwer

weil _____

Diagnose 3.5   Rechtschreiben: Sortieren nach dem Alphabet

Name: Datum: _____

Brief vom Ponyhof

1 Lies den Text durch und unterstreiche alle Wörter mit **-tz** und **-ck**.

Liebe Mama, lieber Papa,

es gefällt mir auf dem Ponyhof viel besser als beim ersten Mal.

Leider klingelt der Wecker immer noch jeden Morgen um 6.30 Uhr.

Nach dem Anziehen frühstücken wir meistens in Hetze.

Der Zimmerdienst muss dann die schmutzigen Zimmer fegen oder putzen.

Manche Kinder meckern darüber.

Anschließend werden die Pferde gefüttert und gestriegelt.

Mein Lieblingspferd heißt „Schneeflocke", weil es an der Nasenspitze

und unter einem Auge weiße Flecken hat, die wie Zacken aussehen.

Ich bringe ihm manchmal einen leckeren Apfel oder eine Möhre.

Ob es auch Rote Grütze mag?

Wenn ich ohne Sattel auf „Schneeflocke" sitze, muss ich aufpassen,

dass ich nicht herunterfalle und mich verletze.

Morgen möchte ich gern ein paar Kunststücke mit ihm einüben.

Hoffentlich schaffe ich das.   Ganz liebe Grüße Eure Franzi

2 Schreibe die unterstrichenen Wörter mit Trennungsstrichen auf.

Wörter mit tz   **Wörter mit ck**

_____   _____

_____   _____

_____   _____

_____   _____

_____   _____

_____   _____

Diese Seite war für mich   🙂 leicht   😐 mittel   ☹ schwer

weil _____

Diagnose 3.6   Rechtschreiben: Silbentrennung: Wörter mit -tz, -ck

Datum: _____

Seltsame Erfindungen

Auf der letzten Erfindermesse wurden seltsame Maschinen vorgestellt.

1 Lies die Wörter und sprich sie leise für dich.

Sockenumdreher   Tellerwegräumer   Augenlidzudrücker

Kinderzimmerputzer   Händewäscher   Witzeaufschreiber

Jackenzuknöpfer   Reißverschlusshochzieher   Katzenstreichler

Tränenabwischer   Teeumrührer   Schnürsenkelverknoter

2 Trenne die Wörter nach Silben und schreibe sie mit Trennstrichen auf.

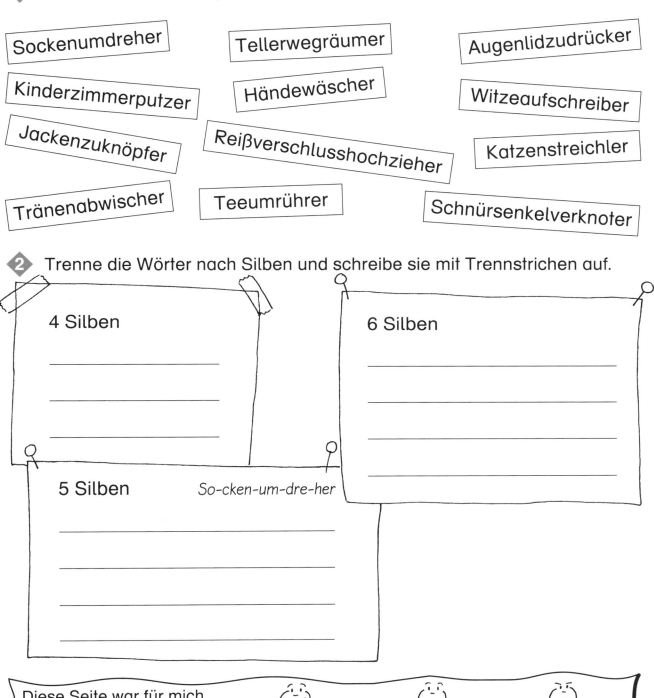

4 Silben

6 Silben

5 Silben   *So-cken-um-dre-her*

Diese Seite war für mich   leicht   mittel   schwer

weil _____

Diagnose 3.7   Rechtschreiben: Silbentrennung   25

Name: Datum: _____

Regeln im Schullandheim

 Lies den Text genau durch.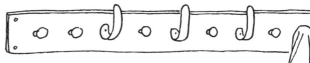

Der Herbergsvater schüttelt der Lehrerin die <u>Hand</u>. Dann begrüßt er die Kinder.
Er erklärt der Klasse die wichtigsten Regeln für den <u>Aufenthalt</u>:

1. Der <u>Mantel</u> wird an der Garderobe aufgehängt.
2. Das <u>Kraut</u> im Garten nicht zertreten, es wird zum Kochen gebraucht.
3. Der Helfer beim Küchendienst räumt auch die letzte <u>Tasse</u> weg.
4. Beim Schwimmen ist es Pflicht, eine <u>Badekappe</u> zu tragen.
5. Beim Klettern auf dem <u>Baum</u> müssen die Kinder aufpassen.
6. Statt die <u>Wand</u> zu bemalen, sollen die Kinder besser auf ein <u>Blatt</u> Papier malen.
7. Das Spielen mit dem <u>Ball</u> ist nur auf der Wiese hinter dem <u>Zaun</u> erlaubt.
8. Die roten Beeren vom <u>Strauch</u> hinter dem <u>Haus</u> dürfen genascht werden.
9. Die Spiele im <u>Aufenthaltsraum</u> müssen aufgeräumt werden.
10. Am <u>Nachmittag</u> bekommen die Kinder <u>Saft</u>, am Morgen und am Abend Tee.
11. Auf dem <u>Gang</u> zu den Zimmern muss abends Ruhe sein.

2 Bei welchen unterstrichenen Nomen wird in der Mehrzahl aus a ⇨ ä und aus au ⇨ äu? Schreibe nur diese Wörter in Einzahl und Mehrzahl auf.

Einzahl „a"		Mehrzahl „ä"	Einzahl „au"		Mehrzahl „äu"
Hand	⇨	Hände	_____	⇨	_____
_____	⇨	_____	_____	⇨	_____
_____	⇨	_____	_____	⇨	_____
_____	⇨	_____	_____	⇨	_____
_____	⇨	_____	_____	⇨	_____
_____	⇨	_____	_____	⇨	_____
_____	⇨	_____			

Diese Seite war für mich   ☺ leicht   ☻ mittel   ☹ schwer

weil _____

Diagnose 3.8   Rechtschreiben: Pluralformen

Datum: _____

Urlaubswünsche

Die Familie sitzt am Tisch und redet über den nächsten Urlaub.
Diese Stichworte werden notiert:

> ABENTEUER   AUFREGEND   AUSFLÜGE   AUTOFAHRT   BESICHTIGUNGEN   BLAU
> BÜCHER   EIS   ELTERN   ESSEN   FREUNDE   FREUNDLICH   FRÖHLICH   GEMÜTLICH
> GRILLABENDE   GROß   INTERESSANT   KURZ   LANG   LECKER   LEUTE   LUSTIG
> MEER   MUSEUM   NEU   RICHTIG   RUHIG   SAUBER   SCHÖN   SPANNEND   SPIELE
> STRAND   TIERE   TOLL   WANDERUNGEN   WARM   WETTER   WILD   WITZIG

1 Unterstreiche im Kasten alle Nomen.

2 Schreibe immer ein Nomen mit einem Adjektiv zusammen auf.
Verwende die Nomen so, wie sie im Kasten stehen.
Manchmal brauchst du einen unbestimmten Artikel dazu.
Die Adjektive müssen immer an die Nomen angepasst werden.

1. *ein spannendes Abenteuer*	10.
2.	11.
3.	12.
4.	13.
5.	14.
6.	15.
7.	16.
8.	17.
9.	18.

Diese Seite war für mich   leicht   mittel   schwer

weil _____

Diagnose 3.9   Rechtschreiben: Groß- und Kleinschreibung in Satzgliedern

Name: Datum: _____

Freizeit

 Ergänze im Text die fehlenden Mitlaute.

| f | ff | ll | ll | m | m | mm | n | n | n | n | n | n |
| nn | nn | nn | p | p | p | pp | t | t | tt | tt |

Die Kinder wurden gefragt, wo und womit sie am liebsten ihre Freizeit verbringen.

Max: die Jugendgru____e besuchen

Kai: mit anderen Kindern im Ho____ spielen

Katrin: jeden Tag am Com____u____er viele E-Mails verschicken

Birsen: im Schwi____verein trai____ieren

Marc: am Wochenende Fußba____ spielen

Matthias: mit der Fa____ilie das Wochenende

auf dem Cam____ing____latz verbringen

Nadine: zweimal in der Woche zum Spa____ischkurs gehen

Florian: jeden Nachmi____ag Gi____arre üben

Mylene: in der Ba____e____schule tanzen

Anke: dreimal im Mo____at ins Ki____o gehen

Julia: Freundi____en tre____en

Jessica: mit ihrer Kusi____e jeden Tag Te____is spielen

Sascha: in jeder freien Mi____ute Kri____is lesen

Lukas: jeden Do____erstag Judotrai____ing

Diese Seite war für mich   ☺ leicht   ☺ mittel   ☹ schwer

weil _____

Diagnose 3.10   Rechtschreiben: Doppelkonsonanten

Name:　　　　　　　　　　　　Datum: _____

Buchstaben-Rätsel

1 Schreibe die Bildwörter auf.

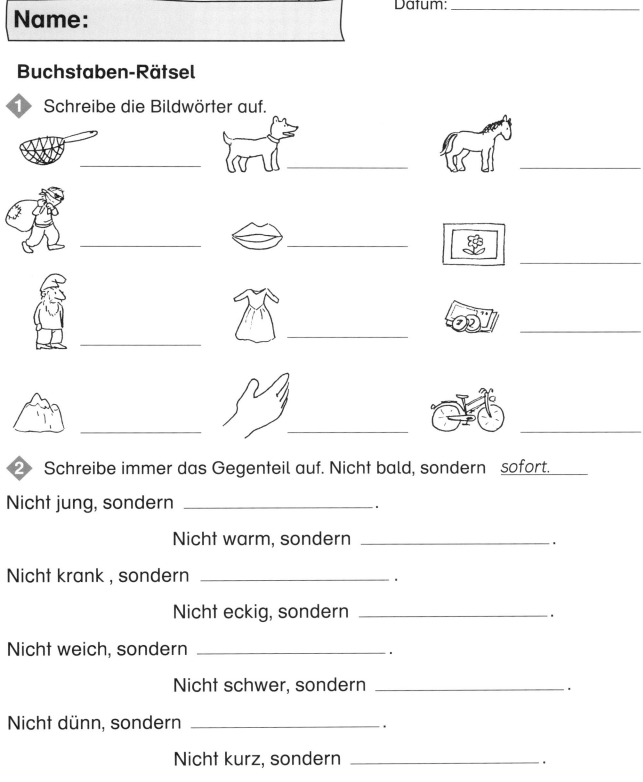

2 Schreibe immer das Gegenteil auf. Nicht bald, sondern _sofort._

Nicht jung, sondern _____ .

　　　　　　Nicht warm, sondern _____ .

Nicht krank , sondern _____ .

　　　　　　Nicht eckig, sondern _____ .

Nicht weich, sondern _____ .

　　　　　　Nicht schwer, sondern _____ .

Nicht dünn, sondern _____ .

　　　　　　Nicht kurz, sondern _____ .

Nicht faul, sondern _____ .

　　　　　　Nicht fröhlich, sondern _____ .

Diese Seite war für mich　　　😊　　　😐　　　☹
　　　　　　　　　　　　　　leicht　　mittel　　schwer

weil _____

Diagnose 3.11　　Rechtschreiben: d/t, b/p oder g/k am Wortende

Datum: _____

Name:

Nachtwanderung

1 Lies den Text genau durch.

2 Unterstreiche alle Verben.

Während der Klassenfahrt <u>macht</u> die 3b auch eine Nachtwanderung.
Zuerst wandern alle den kurzen Weg von der Jugendherberge bis zur Pferdekoppel.
Ein paar Jungen rufen die Pferde. Max schleicht voraus und erschreckt die Mädchen.
Inzwischen sieht man kaum noch etwas, obwohl der Mond scheint.
Die Taschenlampen leuchten nicht sehr hell. Drei Mädchen fassen sich ängstlich an
den Händen und bleiben dicht bei ihrer Lehrerin. Die Jungen sprechen auch nicht
mehr so laut. Plötzlich knacken Zweige. Alle stehen still. Aber nichts geschieht.
Vielleicht läuft gerade ein Fuchs durch das Unterholz. Da, eine Eule schreit.
Nach ungefähr einer Stunde freuen sich die meisten Kinder, als sie die Lampen der
Jugendherberge erkennen. Endlich wieder zurück!

3 Schreibe die Verben in der Grundform
und in der Vergangenheitsform in die Tabelle.

Grundform	Vergangenheits-form	Grundform	Vergangenheits-form
machen –	*sie machte –*		

Diese Seite war für mich   ☺ leicht   😐 mittel   ☹ schwer

weil _____

Diagnose 3.12   Sprache reflektieren: Verben: Grundformen und andere Formen

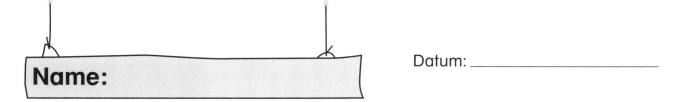

Datum: _____

Im Freibad

 Lies den Text genau durch. Sprich ihn dir leise vor.

 Punkte, Fragezeichen und Ausrufezeichen fehlen. Trage sie ein.

Max, Florian, Markus und Simone gehen ins Freibad __

Dort ist viel los __

„Wirf die Frisbeescheibe mal rüber __", brüllt ein Junge im Wasser seinem Freund zu __

Der antwortet: „Hier sind zu viele Leute __ Wir spielen besser auf der Wiese __"

Max und Florian fragen den Jungen : „Dürfen wir mitspielen __"

Er nickt und meint: „Gut, wir werfen uns das Frisbee immer abwechselnd zu __"

Markus läuft zum Sprungbrett am Schwimmerbecken __

Zwei ältere Damen schwimmen langsam ihre Bahnen __

Plötzlich klatscht Markus neben ihnen ins Wasser __

„Pass doch auf __", empört sich eine Dame, als Markus wieder auftaucht __

Markus entschuldigt sich und taucht wieder unter __

Am Kiosk ist auch viel Betrieb __

Jeder möchte etwas anderes: „Zweimal Pommes mit Majo, aber schnell __"

„Haben Sie Erdbeereis __"

„Können Sie einen 50-Euro-Schein wechseln __"

„Ich hätte gern fünf Würstchen mit Senf und Brot __"

Simone, Max, Florian und Markus machen Picknick auf der Wiese __

„Hau ab, du blöde Wespe __", schreit Florian __

Simone will die Wespe mit ihrem Handtuch verscheuchen __

Max ruft: „Nein, nicht mit dem Handtuch schlagen __"

Er fügt hinzu: „Drehe am besten erst einmal die Saftflasche zu __"

Diese Seite war für mich   ☺ leicht   😐 mittel   😠 schwer

weil _____

Diagnose 3.13   Sprache reflektieren: Satzzeichen

Name: Datum: _____

Fahrradtour

1 Dieser Text hat immer ähnliche Satzanfänge.
Unterstreiche in jedem Satz das Wort oder die Wortgruppe,
die besser an den Anfang passt.

1. Die Kinder haben <u>heute</u> eine Fahrradtour geplant.
2. Sie haben am Abend vorher die Reifen aufgepumpt.
3. Sie wollen durch den Wald zu einem Abenteuerspielplatz fahren.
4. Die Kinder nehmen zwei Väter zur Begleitung mit.
5. Sie packen in ihre Satteltaschen Flickzeug ein.
6. Sie nehmen zusätzlich einen Fußball und etwas zum Essen mit.
7. Die Kinder fahren auf der ganzen Strecke hintereinander her.
8. Sie nehmen immer Rücksicht auf die Spaziergänger.
9. Sie kommen alle fröhlich auf dem Abenteuerspielplatz an.

2 Schreibe die umgestellten Sätze auf.

1. *Heute haben die Kinder eine Fahrradtour geplant.*
2. _____
3. _____
4. _____
5. _____
6. _____
7. _____
8. _____
9. _____

Diese Seite war für mich   leicht   mittel   schwer

weil _____

Diagnose 3.14   Schreiben: Satzanfänge überarbeiten   32

Name:

Datum: _____

Wunsch-Kinderzimmer

1 Wie soll dein Wunsch-Kinderzimmer aussehen?
Beschreibe es mit mindestens zehn Sätzen ganz genau.
Die Wörter in dem Kasten helfen dir.
Du kannst aber auch eigene Nomen und Adjektive verwenden.

> das Fenster, das Bett, der Schrank, das Regal, der Schreibtisch,
> die Spielsachen, der Teppich, der Computer, die Lampe,
> groß, klein, blau, grün, gelb, bunt, hoch, neu, schwer,
> oben, unten, rechts, links

_____
_____
_____
_____
_____
_____
_____
_____
_____
_____

Diese Seite war für mich 😊 leicht   😐 mittel   😠 schwer

weil _____

Diagnose 3.15   Schreiben: Beschreibung   33

Lernstände diagnostizieren/Kopiervorlage

© Schroedel, Braunschweig

Protokollbogen Klasse 4

Name des Kindes: _____   Klasse: _____

Nr.		Datum	Lehrkraft	Bewertung
Umgang mit Texten: Lesen				
4.2	Genaues Lesen	Reise ins Schlaraffenland (1)		
4.3	Genaues Lesen: Fragen zum Text	Reise ins Schlaraffenland (2)		
4.4	Genaues Lesen	Füller (1)		
4.5	Textinformationen übertragen	Füller (2)		
Schriftliches Sprachhandeln: Rechtschreiben				
4.6	Pluralformen	Die Idee		
4.7	Sortieren nach Wortarten	Kampf der Fische (1)		
4.8	Groß- und Kleinschreibung im Satz	Kampf der Fische (2)		
4.9	Wörter mit s, ss, ß	Im verzauberten Garten		
Sprache reflektieren				
4.10	Verben: Zeiten	Die Zeitmaschine		
4.11	Adjektive verändern sich	Zauberer unter sich (1)		
4.12	Adjektive: Steigerung	Zauberer unter sich (2)		
4.13	Nomen aus Adjektiven und Verben	Supihilf		
4.14	Satzzeichen: Wörtliche Rede	Berufswünsche		
Schriftliches Sprachhandeln: Schreiben				
4.15	Satzproben	Satz-Werkstatt		
4.16	Brief schreiben	Nilpferd zu Besuch		

Diagnose 4.1   Protokollbogen

Reise ins Schlaraffenland (1)

 Lies den Text genau durch.

Lisa war auf dem Weg zur Schule. Plötzlich landete ein riesengroßer Vogel mit grünen Beinen direkt neben ihr und forderte sie auf: „Komm, steige auf meinen Rücken! Ich fliege mit dir ins Schlaraffenland. Dort findest du alle deine Lieblingsspeisen." Lisa zögerte kurz, dann kletterte sie auf den Rücken des Vogels und hielt sich an seinem Hals fest.

„Was gibt es denn dort alles Leckeres zu essen?", wollte Lisa wissen. „An den Bäumen hängen Schokoladenbonbons, die Blätter der Bäume sind aus Marzipan und die Äste aus Lakritzstangen. Von den Büschen kannst du Gummibärchen ernten." Lisa staunte. „Aber eigentlich mag ich gar nicht so viel Süßes. Am liebsten esse ich Fischstäbchen mit Salat." Der Vogel meinte: „Das ist kein Problem.

Im Schlaraffenland fahren kleine Züge umher mit bunten Waggons.
In den roten Waggons liegen Fischstäbchen, in den blauen Pommes und Nudeln, in den gelben Waggons Schüsseln mit Salat, in den grünen Hamburger und in den schwarzen Gemüse. An jeder Ecke stehen Körbe mit Besteck und Geschirr.
Du brauchst dich also nur zu bedienen."

Lisa fragte: „Und wenn ich Durst habe, was kann ich trinken?" Der Vogel erklärte: „Überall im Schlaraffenland sind riesige Tanks verteilt, jeder mit Zapfhähnen für 30 verschiedene Getränke. Du nimmst dir ein Glas oder eine Tasse, drückst auf den Zapfhahn mit dem Bild deines Lieblingsgetränks und füllst dein Gefäß."

Plötzlich fiel Lisa noch etwas ein: „Als Nachtisch mag ich Erdbeereis mit Sahne am liebsten." Auch darauf hatte der Vogel eine Antwort: „Die Wegweiser leiten dich zu den Iglus. Darin findest du viele verschiedene Eissorten. Jedes Iglu hat die Form und Farbe der Frucht, nach der das Eis schmeckt. Die Sahne steht in runden Glaskübeln rechts neben den Iglus. Die Waffeln musst du dir hinter den Iglus aus den großen Körben nehmen. So, und dort drüben kannst du das Schlaraffenland schon sehen. Wir sind gleich da."

Der Vogel landete, Lisa kletterte herunter und köstlicher Duft stieg ihr in die Nase.

Datum: _____

Reise ins Schlaraffenland (2)

2 Beantworte nun die Fragen zum Text.

1. Wie gelangt Lisa zum Schlaraffenland? _____

2. Womit kann sie die Fischstäbchen essen? _____

3. Wie viele unterschiedliche Waggons gibt es? _____

4. Wo findet Lisa das Gemüse? _____

5. Was kann man von Büschen pflücken, aber nicht von Bäumen?
_____

6. Kann Lisa ihr Erdbeereis in einem blauen Iglu finden? Begründe deine Antwort.
_____
_____
_____

7. Was muss Lisa tun, bevor sie ein Eis mit Sahne essen kann?

1. _____ 2. _____

3. _____ 4. _____

8. Könnte Lisa im Schlaraffenland auch Kakao trinken? Begründe deine Antwort.
_____
_____
_____

Diese Seite war für mich ☺ leicht   ☺ mittel   ☹ schwer

weil _____

Diagnose 4.3   Lesen: Fragen zum Text

Datum: _____

Füller (1)

1 Lies die Werbeanzeigen über die drei Füller genau durch.

A. Turbograf

Dieser Füller sieht nicht nur fantastisch aus, er liegt auch perfekt in jeder Hand. Es gibt ihn in Silber und Gold. Er hat eingebaute Kammern für sechs verschiedene Tintenfarben. Bevor eine Farbkammer neue Tinte braucht, ertönt ein leises Summen. Aber der Turbograf kann noch mehr: Bei jedem Schreibvorgang zählt er automatisch die Wörter und Buchstaben. Wenn die Hand vom vielen Schreiben müde wird, aktiviert der Turbograf automatisch sein Handmassageprogramm.

B. Rotograf

Diesen Füller gibt es in 55 verschiedenen Farbtönen. Außerdem ist er außen mit einer Samthülle versehen, damit er weich in der Hand liegt. Bei einem Schreibfehler muss man mit der Spitze der Feder dreimal leicht auf den Fehler tippen. Sofort fährt ein Pinselfehlerkiller aus der Griffzone und entfernt mit kräftigen schnellen Drehbewegungen den falschen Buchstaben oder das falsche Wort. Wenn die schwarze Tintenpatrone fast leer ist, ertönt ein leises Zwitschern aus der Feder. Man braucht auch nur zu pfeifen, wenn man den Füller einmal verlegt hat. Er antwortet dann automatisch mit seinem Zwitschern.

C. Supigraf

Dieser Füller gehört wirklich zu den Spitzenprodukten. Er ist durchsichtig. Je nachdem, in welcher Stimmung sich der Schreiber befindet, ändert der Füller seine Farbe. Die Bedeutung der Farben steht in der Bedienungsanleitung. In einem Ballon (silber- oder goldfarben), der am oberen Ende des Griffs aufgeschraubt ist, befindet sich ein Tintenfass für rote und blaue Tinte. Mit seinem Laserstrahl tastet der Supigraf die Reihen und Kästchen im Heft ab. Er bremst automatisch, wenn beim Schreiben die Reihen und Kästchen nicht eingehalten werden. Beim Kauf wird der Name des Käufers kostenlos eingraviert.

Diese Seite war für mich   leicht   mittel   schwer

weil _____

Name:

Datum: _____

Füller (2)

2 Trage nun die Informationen aus den Werbetexten in die Spalten ein.

Merkmal	Turbograf	Rotograf	Supigraf
Farbe des Füllers			
Farbe der Tinte			
Geräusch			
Besonderheiten			

Diese Seite war für mich

leicht   mittel   schwer

weil _____

Diagnose 4.5   Lesen: Textinformationen übertragen

Name: _____ Datum: _____

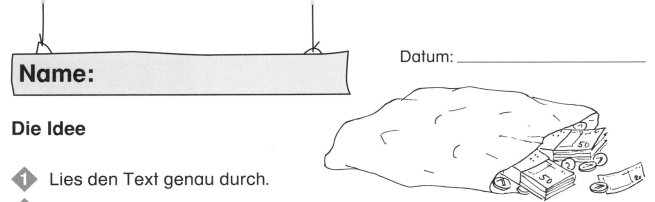

Die Idee

1 Lies den Text genau durch.

2 Unterstreiche alle Nomen, aber nicht die Namen der Kinder.

Timo: „Hör zu, Max, wenn du mir versprichst, niemandem etwas zu sagen, verrate ich dir etwas."

Max: „Ist doch Ehrensache. Du bist doch mein bester Freund. Den verpetze ich nicht."

Timo: „Gestern kam ich im Park an dem kleinen Karussell vorbei und fand einen Beutel mit 28 000 € darin. Ich habe ihn mitgenommen und unter meinem Bett versteckt."

Max: „Hat denn niemand etwas gemerkt?"

Timo: „Nein, Papa und Mama saßen auf der Terrasse und sprachen mit Oma über ihr nächstes Fest. Und ich habe die Tür zu meinem Zimmer zugemacht."

Max: „Ich weiß, was wir mit dem Geld machen könnten. Lass uns doch zu einem Ort fliegen, wo es ein versunkenes Schiff im Meer gibt oder wo wir ein Krokodil sehen können. Ein Bär wäre auch nicht schlecht."

Timo: „Aber eigentlich wollte ich mir ein Aquarium kaufen für eine Wasserschildkröte, mit Pumpe, Filter und Wasserlandschaft und so. Das habe ich letzte Woche in einer Zeitschrift auf einem Poster gesehen. Fand ich richtig gut."

Max: „Du, ich hätte da auch noch eine Idee, was hältst du davon, wenn ...?"

3 Trage je 3 Nomen aus dem Text im Plural in die passenden Zeilen ein.

Plural mit -e: 1. Freund**e**   2. _____   3. _____   4. _____

Plural mit -n: 1. Idee**n**   2. _____   3. _____   4. _____

Plural mit -en: 1. Bett**en**   2. _____   3. _____   4. _____

Plural mit -s: 1. Park**s**   2. _____   3. _____   4. _____

Plural sieht aus wie Singular: 1. Beutel   2. _____   3. _____

Diese Seite war für mich   leicht   mittel   schwer

weil _____

Diagnose 4.6   Rechtschreiben: Pluralformen   39

Name:

Datum: _____

Kampf der Fische (1)

 Lies den Text genau durch.

EIN AUSTRALISCHES MÄRCHEN ERZÄHLT, WIE SICH DIE GROßEN FISCHE ÜBER DIE KLEINEN ARTGENOSSEN LUSTIG MACHTEN UND SIE „KROPPZEUG" NANNTEN. DIE KLEINEN FISCHE BESCHLOSSEN, GEGEN DIE GROßEN ZU KÄMPFEN, UND ZWAR MIT MAUL, SCHWANZ UND FLOSSEN.

DER WAL JAGTE DEN HERING UND RISS DAS MAUL AUF. DOCH DER HERING BOHRTE SICH IN DESSEN NASENLOCH. DAS HIELT DER WAL NICHT LANGE AUS. ER SCHWAMM AN LAND, LAG ERSCHÖPFT AUF DEM SAND UND STARB. DER HERING LACHTE, SPRANG HERAUS UND SCHWAMM MUNTER DAVON.

DIE SARDINE SAUSTE HIN UND HER, AUF UND AB, WIRBELTE VORWÄRTS UND RÜCKWÄRTS, ALS DER HAI SIE FRESSEN WOLLTE. DEM HAI WURDE SCHWINDELIG. ER SCHWAMM IN DIE KORALLENSTÖCKE UND FAND NICHT MEHR HERAUS. DIE SARDINE GLITT ERLEICHTERT DAVON.

SO ERGING ES VIELEN GROßEN FISCHEN. SEITHER LACHEN DIE GROßEN FISCHE NICHT MEHR ÜBER DIE KLEINEN, ABER SIE KÖNNEN SICH IMMER NOCH NICHT BESONDERS GUT LEIDEN.

 Trage aus dem Text je 5 Nomen, 5 Verben und 5 Adjektive in die Tabelle ein. Schreibe die Wörter in der Grundform auf. Denke bei den Nomen auch an die Artikel.

Nomen	Verben	Adjektive
der Kampf	*erzählen*	*groß*

Diese Seite war für mich   leicht   mittel   schwer

weil _____

Diagnose 4.7   Rechtschreiben/Sprache reflektieren: Sortieren nach Wortarten   40

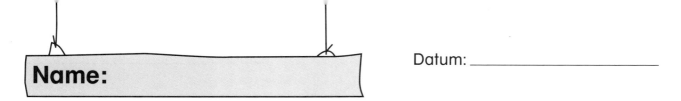

Datum: _____

Kampf der Fische (2)

1 Schreibe die ersten zwei Abschnitte des Textes in Schreibschrift ab. Achte genau auf die Groß- und Kleinschreibung.

Diagnose 4.8 Rechtschreiben: Groß- und Kleinschreibung im Satz

Name:

Datum: _____

Im verzauberten Garten

Hier ist eine Liste von Dingen, die du in einem verzauberten Garten finden kannst.

1 Setze **ss**, **s** oder **β** ein. Ich finde in dem verzauberten Garten ...

einen ro ___ tigen Schlü ___ el

viele gro ___ e Bäume

einen alten Be ___ en

eine goldene Haarbür ___ te

einen Me ___ ingtopf

ein dü ___ teres Gewäch ___ hau ___

eine zerlöcherte Gie ___ kanne

huschende Mäu ___ chen

abgebrochene Ä ___ te

dicke Moo ___ flechten

einen Kie ___ weg

einen grünlichen Wa ___ ertümpel

Fu ___ spuren

leere Vogelne ___ ter

rie ___ ige Di ___ teln

eine zer ___ prungene Schü ___ el

ein braunes Gefä ___

üppige Kletterro ___ en

Diese Seite war für mich

leicht   mittel   schwer

weil _____

Diagnose 4.9   Rechtschreiben: Wörter mit s, ss und β

42

Datum: _____

Die Zeitmaschine

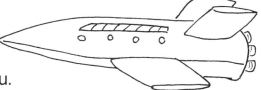

1 Ordne den Sätzen die richtige Zeitform zu.

Gegenwart   Gegenwart   Vergangenheit   Vergangenheit   Zukunft   Zukunft

Wir flogen mit der neuen Zeitmaschine
in ein unbekanntes Gebiet.   _____

Die Zeitmaschine landet auf dem Feld hinter dem Dorf.   _____

Die Sonne wird sich nicht zeigen.   _____

Fünfzig silberne Roboter hoben die Arme.   _____

Der Anführer der Roboter läuft in das Dorf.   _____

Du wirst die Zeitmaschine auf Kurs halten.   _____

2 Fülle die Tabelle richtig aus.
Erfinde auch Zeitformen für die drei Fantasiewörter.

Grundform (Infinitiv)	Gegenwartsform (Präsens)	Vergangenheitsform (Präteritum)	Zukunftsform (Futur)
landen	es *landet*	es *landete*	es *wird landen*
heben	sie (Mehrzahl)	sie	sie
sich zeigen	sie (Einzahl)	sie	sie
laufen	er	er	er
fliegen	wir	wir	wir
halten	du	du	du
mumpsen	ich	ich	ich
pakeben	ihr	ihr	ihr
einkogen	er	er	er

Diese Seite war für mich   ☺ leicht   😐 mittel   ☹ schwer

weil _____

Diagnose 4.10   Sprache reflektieren: Verben: Zeiten   43

Name:

Datum: _____

Zauberer unter sich (1)

1 Setze die Adjektive richtig ein.
Jedes Adjektiv darf nur einmal verwendet werden.

2 Ein Adjektiv bleibt übrig: _____

bunt	dunkel	elegant	teuer	attraktiv
erfolgreich	jung	großartig	aufregend	kantig
lang	laut	mutig	spannend	heftig

Zauberer Miromix beschreibt sich und seine Auftritte so:

Ich habe ein _____ Gesicht mit _____ Augen.

Viele Mädchen finden mich _____ .

Meine Zauberuniform ist sehr _____, denn sie war _____ .

Mein Umhang schillert _____ .

In den Zeitungen steht über mich, ich sei wirklich _____,

obwohl ich noch so _____ bin.

Vor meinen Vorstellungen warten die Leute in _____ Schlangen

an der Abendkasse.

Weil meine Zaubertricks _____ und _____ sind,

applaudieren die Leute in meinen Vorstellungen immer _____ .

Wer von den Zuschauern _____ ist, darf mir bei einem Auftritt

assistieren. Ich finde meinen Beruf _____ .

Diese Seite war für mich   leicht   mittel   schwer

weil _____

Diagnose 4.11   Sprache reflektieren: Adjektive verändern sich   44

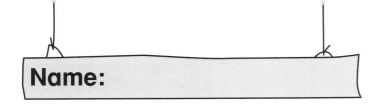

Datum: _____

Zauberer unter sich (2)

 Bilde die Steigerungsform der Adjektive.

bunt *bunter*	dunkel	elegant	teuer	attraktiv
erfolgreich	jung	großartig	aufregend	kantig
lang	laut	mutig	spannend	heftig

 Setze die gesteigerten Adjektive in den Text ein.
Ein Adjektiv fehlt. Setze ein eigenes passendes ein.
Schreibe dieses Adjektiv in einer anderen Farbe.

Zauberer Morimux hat von sich eine höhere Meinung. Er meint:

Ich habe ein _____ Gesicht mit _____ Augen.

Ich bin viel _____. Mich finden die Mädchen aber noch _____.

Meine Zauberuniform ist natürlich _____, weil sie noch _____

war. Mein Umhang schillert bedeutend _____. Und die Zeitungen

schreiben über mich, ich sei _____, obwohl ich noch _____ bin

als du. Vor meinen Vorstellungen warten noch mehr Leute in noch _____

Schlangen an der Abendkasse. Weil meine Zaubertricks _____ und

_____ sind als deine, applaudieren die Leute in meinen Vorstellungen

_____ und _____. Wer von den Zuschauern _____

ist als meine Assistentin, darf mir bei einem Auftritt assistieren.

Ich finde meinen Beruf noch _____ als du.

Diese Seite war für mich   ☺ leicht   😐 mittel   ☹ schwer

weil _____

Diagnose 4.12   Sprache reflektieren: Adjektive: Steigerung   45

Name: _____ Datum: _____

Supihilf

 Lies den Text genau durch.

 Bilde zu den unterstrichenen Wörtern Nomen und schreibe sie rechts neben den Text.

| Karli Spleen hat mal wieder etwas <u>Neues</u> <u>erfunden</u>. Er ist sich ganz sicher: Dieses Mittel wird ihn <u>berühmt</u> machen. Hier stellt er Supihilf vor: | -keit: *Neuigkeit*
 -ung: *Erfindung*
 -heit: *Berühmtheit* |

Meine verehrten Damen und Herren! <u>Erlauben</u> Sie mir, Ihnen Supihilf vorzustellen. Nach einem <u>geheimen</u> Rezept mischte ich 132 verschiedene <u>flüssige</u> Zutaten, zum Beispiel Bienenwachs, <u>füllte</u> alles in einen sauberen Topf und kochte den Brei dreißig Sekunden lang.

-nis: *Erlaubnis*

-nis: _____
-keit: _____
-ung: _____

Wenn Sie nun dreimal täglich fünf Teelöffel davon schlucken, werden Sie sich nie mehr <u>krank</u> fühlen. Im Gegenteil, Sie springen nun gesund und <u>munter</u> über Tische, Bänke, Zäune und Mauern.

-heit: _____
-keit: _____

Hatten Sie bisher eine Glatze, wachsen Ihnen wieder Haare. Waren Sie <u>unzufrieden</u> mit Ihrer Figur — <u>vergessen</u> und vorbei! Dachten Sie bisher nur langsam, mit Supihilf gelingt das in rasantem Tempo. Sie werden täglich Unglaubliches <u>leisten</u> können. Lernen Sie Supihilf kennen, <u>erleben</u> Sie, wie Sie sich <u>verändern</u>! Aber verstehen Sie mich nicht falsch, <u>bescheiden</u> ist der Preis des Mittels nicht. Doch Sie wissen ja — was nichts kostet, taugt auch nichts.

-heit: _____
-keit: _____

-ung: _____
-nis: _____
-ung: _____
-heit: _____

3 Nur zwei der gebildeten Nomen haben **das** als Artikel.
Schreibe sie auf: 1. das _____ 2. das _____

Diese Seite war für mich   ☺ leicht   😐 mittel   ☹ schwer

weil _____

Diagnose 4.13   Sprache reflektieren: Nomen aus Adjektiven und Verben

Datum: _____

Berufswünsche

 Lies den Text sorgfältig durch.

 Setze die Redezeichen und die fehlenden Satzzeichen.
Tipp: Unterstreiche erst einmal die Sätze, die die Kinder sagen, und setze sie in Anführungszeichen.

Die Kinder der Klasse 4 a unterhalten sich, was sie später einmal werden wollen.

Ich werde später Raumfahrer   Dann fliege ich zum Jupiter   meint Andreas

Ich bleibe lieber auf der Erde   erklärt Jonas   ich eröffne ein Luxushotel

Mona überlegt   Am liebsten werde ich Meeresbiologin   Mich interessieren die Tiere ganz unten auf dem Meeresgrund

Du bist blöd   ruft Kerim   Da unten ist es doch ganz dunkel   Ich werde Architekt und baue schöne Häuser

Angeber   Du kannst ja noch nicht einmal zeichnen   Ich kann aber ganz toll singen   Ich werde Schlagerstar   ruft Karina

Wer soll denn deine Platten kaufen   will Nils wissen   Ich werde Fotograf und arbeite mit den besten Models

Elena ist sich nicht sicher   Was ich werden will   Vielleicht Raumfahrerin, Flugbegleiterin oder Fluglehrerin   Es muss auf jeden Fall mit Flugzeugen zu tun haben

Ich werde Biobauer   lacht Rolf   dann habe ich mein eigenes Gemüse und Obst

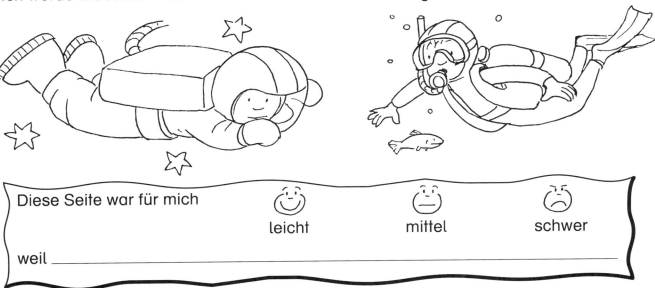

Diagnose 4.14   Sprache reflektieren: Satzzeichen: Wörtliche Rede

Datum: _____

Satz-Werkstatt

1 Hier steht ein einfacher Satz: Wer macht **was**?

Fabian löst ein Rätsel.

2 Verlängere diesen Satz: Wer macht was **wo**?

_____

2.1 Stelle den verlängerten Satz um.

_____

3 Verlängere den Satz von **2** noch einmal: **Wann** macht wer was wo?

_____

3.1 Stelle den verlängerten Satz um.

_____

3.2 Stelle den verlängerten Satz noch einmal um.

_____

4 Verlängere nun den Satz von **3**: Wann wo macht wer was **womit**?

_____

4.1 Stelle den verlängerten Satz um.

_____

5 Verlängere den Satz: Wann wo macht wer was womit **warum**?

_____

Diagnose 4.15   Schreiben: Satzproben

Name:

Datum: _____

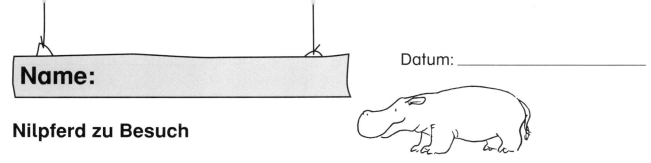

Nilpferd zu Besuch

Hast du schon einmal Besuch von einem Nilpferd bekommen? Noch dazu von einem, das direkt durch das Fenster in dein Zimmer geflogen kam?

1 Stelle dir vor, so etwas sei dir gestern passiert.
Schreibe deiner Lieblingstante in einem Brief davon.
Denke auch an den Briefkopf, an die Anrede und an den Schluss.

_____
_____
_____
_____
_____
_____
_____
_____
_____
_____
_____
_____
_____
_____
_____

Diese Seite war für mich   ☺ leicht   ☺ mittel   ☹ schwer

weil _____

Diagnose 4.16 Schreiben: Brief schreiben

49

Auswertungshilfen Klasse 2

Diagnosematerialien 2 „Tiere"

Umgang mit Texten: Lesen, ab S. 6

2.2, 2.3 Genaues Lesen und Malen nach Angaben: **Der Waschbär** Das Kind kann Anweisungen erlesen und malt dazu.	42 P max.
A 2: Es malt alle groben Angaben, 14 x 1 P (Sonne, Gras, Schwanz, Augenringe, Maske, Barthaare, Krallen, Schmetterlinge, Stein, Vogel, Ast, Spinnen, Bäume, Apfel)	
A 2: Es malt die vorgegebenen Farben, 13 x 1 P (graubrauner Pelz, weißes Fell, dunkle Augenringe, schwarze Maske, schwarze Augen, helle Barthaare, schwarze Schnauze, blaue Schmetterlinge, roter Schmetterling, grauer Stein, gelber Vogel, grüne Bäume, rote Äpfel)	
A 2: Es malt die vorgegebenen Zahlen, 6 x 1 P (vier Ringe am Schwanz, fünf Krallen, drei Schmetterlinge: zwei blaue, ein roter, vier Spinnen)	
A 2: Es malt weitere Hinweise, 9 x 1 P (ein paar lange Barthaare: rechts und links von seiner Schnauze, zwei große blaue und ein kleiner roter Schmetterling, ein langer Ast, ein paar grüne Bäume, viele rote Äpfel)	
2.4 Vergleichen von Textinformationen: **Der neue Hund** Das Kind kann einen einfachen Text erlesen und Informationen vergleichen.	4 P max.
A 2: Es findet Textabweichung 1, 2 x 1 P (kurzer weißer Schwanz / langer brauner Schwanz)	
A 2: Es findet Textabweichung 2, 2 x 1 P (dunkelbraune Vorderpfoten / linke weiße Vorderpfote)	
Notizen	

Schriftliches Sprachhandeln: Rechtschreiben, ab S. 9

2.5 Alphabet, Plural, Silbentrennung: **Tiere, Tiere, Tiere** Das Kind kann Pluralformen erkennen, nach dem Alphabet sortieren und in Silben trennen.	53 P max.
A 1: Es erkennt leichte Pluralformen, 6 x 1 P (Schmetterlinge, Schweine, Krokodile, Pferde, Vögel, Rennmäuse)	
A 1: Es erkennt schwierige Pluralformen, 3 x 1 P (Tiger, Eichhörnchen, Küken)	
A 2: Es sortiert die Wörter nach dem ersten Buchstaben, 16 x 1 P (Affe, Biene, Eichhörnchen, Floh, Hahn – Hund, Krokodile – Küken, Löwe, Pferde – Pony, Rennmäuse, Schmetterlinge – Schweine, Tiger, Vögel)	
A 2: Es sortiert die Wörter nach dem zweiten Buchstaben, 4 x 1 P Hahn – Hund, Küken – Krokodile, Pferde – Pony, Schmetterlinge – Schweine)	
A 2: Es schreibt die Wörter korrekt ab, 16 x 1 P	
A 3: Es erkennt einsilbige Wörter, 2 x 1 P (Hund, Hahn, Floh)	
A 3: Es trennt korrekt zweisilbige Wörter, 2 x 1 P (Ti-ger, Lö-we, Po-ny, Af-fe, Schwei-ne, Kü-ken, Bie-ne, Pfer-de, Vö-gel)	
A 3: Es trennt korrekt dreisilbige Wörter, 2 x 1 P (Eich-hörn-chen, Renn-mäu-se)	
A 3: Es trennt korrekt viersilbige Wörter, 2 x 1 P (Kro-ko-di-le, Schmet-ter-lin-ge)	
2.6 Großschreibung und Doppelkonsonanten: **Im Zirkus ist was los** Das Kind schreibt Nomen groß. Es schreibt Wörter mit Doppelkonsonanten richtig.	17 P max.
A1: Es schreibt Bildwörter vollständig korrekt, 11 x 1 P (Trommeln, Roller, Wasser, Klammer, Rüssel, Brett, Ball, Affe, Nüssen, Nummer, Programm)	
A 2: Es setzt die korrekten Doppelkonsonanten ein, 6 x 1 P (wippen, füttern, knallt, wissen, sollen, gefällt)	
2.7 Umlaute: **Wer macht was?** Das Kind erkennt zusammenhängende Satzteile. Es bildet richtige Sätze.	17 P max.
A 1: Es verbindet inhaltlich korrekte Sätze, 6 x 1 P (Der Hund vergräbt einen dicken Knochen. Die Katze fängt blitzschnell eine Maus. Der Arbeiter / Der Bauer fährt langsam mit dem Traktor. Das Huhn schläft auf der Stange. Das Schwein wackelt mit seinem Ringelschwanz. Der Bauer / Der Arbeiter trägt einen Eimer voll mit Milch.)	
A 2: Es bildet vier Sätze mit korrekter Verbform, 4 x 1 P (fährt, trägt, vergräbt, fängt, schläft, wackelt)	
A 2: Es schreibt sinnvolle Sätze fehlerfrei ab und auf, 4 x 1 P	
A 3: Es bildet korrekte Pluralsätze, 3 x 1 P	
Notizen	

2.8 Wörter mit D/d und T/t:	30 P max.
Ein Tierrätsel	
Das Kind weiß, welche Wörter mit D/d oder mit T/t geschrieben werden.	
A 1: Es schreibt korrekten Anlaut (Tier 2 x, Dach), 3 x 1 P	
A 1: Es schreibt den Anlaut in Großbuchstaben, 3 x 1 P	
A 1: Es schreibt korrekten Endlaut, 14 x 1 P (gehört, lebt, Land, Rand, bleibt, nicht, fliegt, wird, frisst, baut, Nest, geht, Rand, bringt)	
A 1: Es schreibt korrekten Inlaut, 8 x 1 P (feuchten, Ländern, kälter, Insekten, roten, breiten, Leuten, Eltern)	
A 1: Es findet das Lösungswort und schreibt es korrekt, 2 x 1 P	

Notizen

Sprache reflektieren, ab S. 13

2.9 Nomen und Artikel: **Viele Tiere** Das Kind kennt Artikel zu Nomen und Farbadjektive.	20 P max.
A 1: Es ordnet Nomen korrekte Artikel zu, 15 x 1 P (der/ein Waschbär, Schmetterling, Zwerghase, Kanarienvogel, Hamster die/eine Eidechse, Schlange, Ziege, Maus, Biene das/ein Schwein, Känguru, Küken, Kaninchen, Ferkel)	
A 2: Es ordnet richtige Adjektive zu, 5 x 1 P (Das Schwein ist rosa. Das Küken ist gelb. Der Schmetterling ist bunt. Die Biene ist schwarz und gelb. Die Maus ist grau oder weiß.)	
2.10 Adjektive verändern sich: **Im Zoo** Das Kind kann Adjektive inhaltlich und grammatikalisch richtig einsetzen.	13 P max.
A 1: Es unterstreicht die Adjektive, 4 x 1 P (viele, fremde, warm, weiches)	
A 2: Es bildet korrekte Wörter, 5 x 1 P (gefährlich, faule, schönen, bunten, hoch)	
A 3: Es findet sinnvolle und bildet korrekte Adjektive, 4 x 1 P	
2.11 Satzzeichen; Großschreibung: **Was Tiere gern fressen** Das Kind erkennt Sätze als abgeschlossene Einheit. Es weiß, dass Satzanfänge großgeschrieben werden.	16 P max.
A 2: Es setzt Punkte richtig, 7 x 1 P	
A 3: Es setzt das Fragezeichen korrekt, 1 x 1 P	
A 4: Es schreibt Nomen am Satzanfang groß, 8 x 1 P	
2.12 Verben verändern sich: **Was machst du?** Das Kind bildet die Verbformen zu den Personalpronomen richtig.	36 P max.
A 1: Es schreibt Verben fehlerfrei ab (Spalte 1) 8 x 1 P	
A 1: Es konjugiert Verben korrekt, 24 x 1 P	
A 1: Es bildet korrekte Inlautveränderung, 4 x 1 P (du läufst, du frisst, du schläfst, du fällst)	

Notizen

Schriftliches Sprachhandeln: Schreiben, ab S. 17

2.13 Text verfassen: **Mein Tag als . . .** Es nutzt Schreibgelegenheit zum eigenen Schreiben.	21 P max.
A 1: Es schreibt verständlich, 5 P	
A 1: Es schreibt formklar und flüssig, 3 P	
A 1: Es verwendet einfache rechtschriftliche Abweichungen und Rechtschreibmuster, 5 P	
A 1: Es schreibt nach Satzschlusszeichen groß, 3 P	
A 1: Es nutzt gewonnene erste Einsichten in die Groß- und Kleinschreibung der Wortarten, 5 P	
2.14 Reihenfolge beachten, abschreiben: **Meine Katze** Das Kind erkennt die Abfolge in einem Text. Es kann Abschreibestrategien anwenden.	18 P max.
A 2: Es nummeriert in der richtigen Reihenfolge, 9 x 1 P (1, Meine Katze heißt . . . 2, Sie ist schwarz . . . 3, Am Morgen läuft sie . . . 4, Die toten Mäuse . . . 5, Nach der Mäusejagd . . . 6, Sie liegt dann . . . 7, Nachmittags . . . 8, Dann fauchen und . . . 9, Abends liegt . . .)	
A 3: Es schreibt Sätze korrekt ab, 9 x 1 P	
Notizen	

Auswertungshilfen Klasse 3

Diagnosematerialien 3 „Freizeit"

Umgang mit Texten: Lesen, ab S. 20

3.2, 3.3 Genaues Lesen und Malen nach Angaben **Der Traumspielplatz** Das Kind kann Anweisungen erlesen und malt.	39 P max.
A 2: Es malt alle groben Angaben, 14 x 1 P (Sonnenblumenduschen, Grill(platz), Steintische, Gartenstühle, Bäume, Stelzenhaus, Fahne, Fußballfeld, Zaun, Rutschen, Sandkasten, Wippen, Schaukeln, Balancierstange)	
A 2: Es malt die vorgegebenen Farben, 7 x 1 P (schwarze Steintische, grüne Gartenstühle, dunkelblaues Dach, hellblaue Fahne, blauweiß gestreifter Vorhang, gelbes Drehkarussell, rote Wippen, 5 verschiedenfarbige Rutschen)	
A 2: Es malt die vorgegebenen Zahlen, 8 x 1 P (5 Duschen, 3 Steintische, je 4 Gartenstühle, 3 Bäume, 5 Rutschen, 2 Wippen, 2 Schaukeln, 2 Balancierstangen)	
A 2: Es malt weitere Hinweise, 10 x 1 P (in der Mitte, in der linken unteren Ecke, um drei runde Steintische, in der Ecke links oben, Äste fast bis zum Boden, rechts neben den Bäumen, auf der rechten Seite, in der unteren Ecke, oberhalb des Fußballfeldes, zwischen dem Grillplatz und den Kletterbäumen)	
3.4 Textinformationen vergleichen: **Bohnenkernweitspucken** Das Kind kann einen Text erlesen und Informationen vergleichen.	7 P max.
A 2: Es entnimmt dem Text genaue Informationen und sortiert diese, 6 x 1 P (Luisa, Dennis, Anna/Jessica, Julian, Michael)	
A 3: Es entnimmt dem Text weitergehende Informationen, 1 x 1 P (Die 3c war am erfolgreichsten.)	
Notizen	

Schriftliches Sprachhandeln: Rechtschreiben, ab S. 23

3.5 Sortieren nach dem Alphabet: **Das ABC-Spiel** Das Kind sortiert richtig nach dem 1. und 2. Buchstaben.	34 P max.
A 1: Es findet die beiden Wörter mit 7 Buchstaben, 2 x 1 P (Kloster, Konfekt)	
A 2: Es sortiert die Wörter richtig nach dem 2. Buchstaben, 8 x 1 P (Ka, Ke, Ki, Kl, Kn, Ko, Kr, Ku)	
A 2: Es sortiert die Wörter korrekt nach dem 3. und 4. Buchstaben, 22 x 1 P (Kakadu, Kaktus, Kamera, Kammer, Kasten, Katzen, Kerker, Kessel, Kirmes, Kisten, Klecks, Kneipe, Koffer, Kordel, Kragen, Kreide, Kreise, Kritik, Kuchen, Kultur, Kummer, Kupfer, Kurven, Kusine)	
A 3: Es findet zwei weitere Nomen, 2 x 1 P	
3.6 Silbentrennung: Wörter mit -tz, -ck: **Brief vom Ponyhof** Das Kind findet alle Wörter mit -tz und -ck. Es setzt korrekt die Trennstriche.	29 P max.
A1: Es findet alle Wörter mit -tz, 7 x 1 P (Hetze, schmutzigen, putzen, Nasenspitze, Grütze, sitze, verletze)	
A1: Es findet alle Wörter mit-ck, 8 x 1 P (Wecker, frühstücken, meckern, Schneeflocke, Flecken, Zacken, leckeren, Kunststücke)	
A 2: Es trennt Wörter mit -tz korrekt, 7 x 1 P (Het-ze, schmut-zi-gen, put-zen, Na-sen-spit-ze, Grüt-ze, sit-ze, verlet-ze)	
A 2: Es trennt Wörter mit -ck korrekt, 7 x 1 P (We-cker, früh-stü-cken, me-ckern, Schnee-flo-cke, Fle-cken, Za-cken, le-cke-ren, Kunst-stü-cke)	
3.7 Silbentrennung: **Seltsame Erfindungen** Das Kind setzt bei langen Wörtern korrekte Trennstriche.	11 P max.
A 2: Es trennt Wörter mit 4 Silben korrekt, 3 x 1 P (Hän-de-wä-scher, Tee-um-rüh-rer, Kat-zen-strei-chler)	
A 2: Es trennt Wörter mit 5 Silben korrekt, 5 x 1 P (Ja-cken-zu-knöp-fer, Kla-vier-stü-cke-über, Trä-nen-ab-wi-scher, Tel-ler-weg-räu-mer, Wit-ze-auf-schrei-ber)	
A 2: Es trennt Wörter mit 6 Silben korrekt, 3 x 1 P (Kin-der-zim-mer-put-zer, Reiß-ver-schluss-hoch-zie-her, Au-gen-lid-zu-drü-cker)	

3.8 Pluralformen: **Regeln im Schullandheim** Das Kind erkennt die Nomen, die im Plural einen Umlaut haben.	12 P max.
A 2: Es findet und schreibt alle Pluralformen (a - → ä) korrekt, 6 x 1 P	
A 2: Es findet und schreibt alle Pluralformen (au - → äu) korrekt, 6 x 1 P	
3.9 Groß- und Kleinschreibung in Satzgliedern: **Urlaubswünsche** Das Kind erkennt Wortarten. Es fügt Adjektive und Nomen mit korrekter Groß- und Kleinschreibung zusammen.	34 P max.
A 1: Es unterstreicht alle Nomen, 17 x 1 P (Abenteuer, Ausflüge, Autofahrt, Besichtigungen, Bücher, Eis, Eltern, Essen, Freunde, Grillabende, Leute, Meer, Museum, Spiele, Strand, Tiere, Wanderungen, Wetter)	
A 2: Es bildet grammatisch korrekte Adjektiv-Nomen-Verbindungen, 17 x 1 P	
3.10 Doppelkonsonanten: **Freizeit** Das Kind setzt die korrekten (Doppel-)Konsonanten ein.	25 P max.
A 1: Es setzt die korrekten Konsonanten und Doppelkonsonanten ein, 25 x 1 P	
3.11 d/t, b/p oder g/k am Wortende: **Buchstaben-Rätsel** Das Kind kennt das Wort und schreibt Wörter mit d/t, b/p und g/k im Auslaut korrekt.	22 P max.
A 1: Es setzt das richtige Wort und den korrekten Auslaut ein, 12 x 1 P (Sieb, Dieb, Zwerg, Berg, Hund, Mund, Kleid, Hand, Pferd, Bild, Geld, Rad)	
A 2: Es setzt das richtige Wort und den korrekten Auslaut ein, 10 x 1 P (alt, kalt, gesund, rund, hart, leicht, dick, lang, fleißig, traurig)	

Notizen

Sprache reflektieren, ab S. 30

3.12 Verben: Grundformen und andere Formen: **Nachtwanderung** Das Kind erkennt Verben und setzt sie korrekt in die Grundform und die Vergangenheit.	51 P max.
A 2: Es unterstreicht alle Verben, 17 x 1 P (wandern, rufen, schleicht, erschreckt, sieht, scheint, leuchten, fassen, bleiben, sprechen, knacken, stehen, geschieht, läuft, schreit, freuen, erkennen)	
A 3: Es bildet korrekte Grundformen, 17 x 1 P	
A 3: Es bildet korrekte regelmäßige Vergangenheitsformen, 6 x 1 P (wanderten, erschreckte, leuchteten, fassten, knackten, freuten)	
A 3: Es bildet korrekte unregelmäßige Vergangenheitsformen, 11 x 1 P (sie riefen, er schlich, man sah, er schien, sie blieben, sie sprachen, sie standen, es geschah, er lief, sie schrie, sie erkannten)	
3.13 Satzzeichen: **Im Freibad** Das Kind setzt sinnvoll Punkte, Ausrufezeichen und Fragezeichen.	25 P max.
A 2: Es setzt Punkte korrekt, 16 x 1 P	
A 2: Es setzt Fragezeichen korrekt, 3 x 1 P (Dürfen wir mitspielen? Haben Sie Erdbeereis? Können Sie einen 50-Euro-Schein wechseln?)	
A 2: Es setzt Ausrufezeichen sinnvoll, 7 x 1 P (Wirf mal die Frisbeescheibe rüber! Hier sind zu viele Leute! Wir spielen besser auf der Wiese! Pass doch auf! Hau ab, du blöde Wespe! Zweimal Pommes mit Majo, aber schnell! Nein, nicht mit dem Handtuch schlagen!)	
Notizen	

Schriftliches Sprachhandeln: Schreiben, ab S. 32

3.14 Satzanfänge überarbeiten: **Fahrradtour** Das Kind beherrscht die Umstellprobe.	24 P max.
A 1: Es stellt Sätze sprachlich korrekt um, 8 x 1 P	
A 2: Es schreibt am Satzanfang groß, 8 x 1 P	
A 2: Es schreibt fehlerfrei ab, 8 x 1 P	
3.15 Beschreiben: **Wunsch-Kinderzimmer** Das Kind kann schriftlich einen Raum beschreiben.	43 P max.
A 1: Es nutzt eine Schreibgelegenheit zum eigenen Schreiben und schreibt verständlich auf, je Satz 1 P	
A 1: Es bildet komplexe Sätze mit Nebensätzen, zusätzlich je Satz 1 P	
A 1: Es verwendet Adjektive, je Satz 1 P	
A 1: Es verwendet unterschiedliche Satzanfänge, insges. 5 P	
A 1: Es nutzt gewonnene Einsichten in die Groß- und Kleinschreibung der Wortarten, rechtschriftliche Abweichungen und Rechtschreibmuster, insges. 5 P	
A 1: Es schreibt nach Satzschlusszeichen groß, insges. 3 P	
Notizen	

Auswertungshilfen Klasse 4

Diagnosematerialien 4 „Fantasie"

Umgang mit Texten: Lesen, ab S. 35

4.2, 4.3 Genaues Lesen: Fragen zum Text **Reise ins Schlaraffenland** Das Kind kann inhaltliche Fragen zu einem gelesenen Text beantworten.	13 P max.
Es beantwortet einfache Fragen, 3 x 1 (Frage 1, Frage 2, Frage 4)	
Es beantwortet komplexere Fragen, 2 x 1 P + 1 x 4 p (Frage 3, Frage 5, Frage 7: Wegweisern folgen, Erdbeeriglu suchen, Waffel nehmen, Eis und Sahne nehmen)	
Es beantwortet und begründet Fragen, 2 x 1 P + 2 x 1 P (Frage 6, Frage 8)	
4.4, 4.5 Genaues Lesen: Textinformationen übertragen **Füller** Das Kind kann einem Text Informationen entnehmen und übertragen.	12 P max.
Es überträgt einfache Informationen, 9 x 1 P (Farbe des Füllers, Farbe der Tinte, Geräusch)	
Es überträgt komplexere Informationen, 3 x 1 P (Besonderheiten der Füller)	

Notizen

Schriftliches Sprachhandeln: Rechtschreiben, ab S. 39

4.6 Pluralformen **Die Idee** Das Kind bildet von Nomen die richtige Pluralform.	42 P max.
A 2: Es unterstreicht alle Nomen, 28 x 1 P	
A 3: Es schreibt die richtigen Pluralformen in die richtige Zeile, 14 x 1 P (Plural mit –e: Freunde, Feste, Schiffe, Orte, Meere, Krokodile, Plural mit –n: Ideen, Ehrensachen, Terrassen, Wasserschildkröten, Pumpen, Wochen Plural mit –en: Betten, Türen, Bären, Aquarien, Wasserlandschaften, Zeitschriften Plural mit –s: Parks, Karussells, Papas, Mamas, Omas Plural wie Singular: Beutel, Zimmer, Filter, Poster)	
4.7 Sortieren nach Wortarten **Kampf der Fische (1)** Das Kind kennt und sortiert die Wortarten.	15 P max.
A 2: Es findet und schreibt Nomen mit dem korrekten Artikel, 5 x 1 P	
A 2: Es findet und schreibt Verben in der Grundform, 5 x 1 P	
A 2: Es findet und schreibt Adjektive in der Grundform, 5 x 1 P	
4.8 Groß- und Kleinschreibung im Satz **Kampf der Fische (2)** Das Kind kennt die Regeln für Groß- und Kleinschreibung.	41 P max.
A 1: Es schreibt mit korrekter Groß- und Kleinschreibung ab, 19 x 1 P + 22 x 1 P (bepunktet werden nur Nomen, Verben, Adjektive)	
4.9 Wörter mit s, ss und ß **Im verzauberten Garten** Das Kind weiß, welche Wörter mit welchem s-Laut geschrieben werden.	23 P max.
A 1: Es schreibt Wörter korrekt mit -s, 15 x 1 P (rostig, Besen, Haarbürste, düster, Gewächshaus, Mäuschen, Äste, Moosflechten, Kiesweg, Vogelnester, riesig, Distel, zersprungen, Kletterrose)	
A 1: Es schreibt Wörter korrekt mit -ss, 4 x 1 P (Schlüssel, Messingtopf, Wassertümpel, Schüssel)	
A 1: Es schreibt Wörter korrekt mit -ß, 4 x 1 P (groß, Gießkanne, Fußspuren, Gefäß)	
Notizen	

Sprache reflektieren, ab S. 43

4.10 Verben: Zeiten **Die Zeitmaschine** Das Kind kann Zeitformen erkennen. Es bildet Verbformen in den verschiedenen Zeiten.	30 P max.
A 1: Es ordnet die Zeitformen richtig zu, 6 x 1 P	
A 2: Es bildet korrekte Zeitformen der Verben, 15 x 1 P	
A 2: Es bildet akzeptable Zeitformen der Fantasieverben, 9 x 1 P	
4.11 Adjektive verändern sich **Zauberer unter sich (1)** Das Kind setzt Adjektive inhaltlich und grammatikalisch richtig ein.	18 P max.
A 1: Es wählt inhaltlich passende Adjektive aus, 14 x 1 P	
A 1: Es bildet korrekte Endung der Adjektive, 3 x 1 P (kantiges Gesicht, mit dunklen Augen, in langen Schlangen)	
A 2: Es schreibt nicht verwendetes Adjektiv auf, 1 P (heftig)	
4.12 Adjektive: Steigerung **Zauberer unter sich (2)** Das Kind steigert Adjektive korrekt.	34 P max.
A 1: Es bildet korrekte Steigerungsform der Adjektive, 15 x 1 P	
A 2: Es wählt inhaltlich passendes Adjektiv aus, 15 x 1 P	
A 2: Es bildet korrekte Endung der gesteigerten Adjektive, 3 x 1 P (kantigeres Gesicht, dunkleren Augen, in längeren Schlangen)	
A 2: Es setzt ein passendes Adjektiv richtig ein, 1 x 1 P	
4.13 Nomen aus Adjektiven und Verben **Supihilf** Das Kind kann Adjektive und Verben in Nomen umwandeln.	13 P max.
A 2: Es bildet die korrekten Nomen, 11 x 1 P	
A 3: Es benennt die zwei Nomen mit das, 2 x 1 P (das Geheimnis, das Erlebnis)	
4.14 Satzzeichen: Wörtliche Rede **Berufswünsche** Das Kind setzt korrekt Redezeichen und Satzzeichen.	55 P max.
A 2: Es setzt Redezeichen korrekt, 23 x 1 P	
A 2: Es setzt Doppelpunkte richtig, 2 x 1 P	
A 2: Es setzt Punkte richtig, 16 x 1 P	
A 2: Es setzt Fragezeichen und Ausrufezeichen sinnvoll, 6 x 1 P	
A 2: Es setzt Kommas um die Einleitungs- und Zwischensätze korrekt, 8 x 1 P	
Notizen	

Schriftliches Sprachhandeln: Schreiben, ab S. 48

4.15 Satzproben **Satz-Werkstatt** Das Kind kann mit Satzproben operieren.	12 P max.
A 2: Es verlängert den Satz korrekt mit einer lokalen Angabe, 1 x 1 P	
A 2: Es stellt den Satz korrekt um, 1 x 1 P	
A 3: Es verlängert den Satz korrekt mit einer temporalen Angabe, 1 x 2 P	
A 3: Es stellt den Satz korrekt um, 1 x 1 P	
A 3: Es stellt den Satz noch mal korrekt um, 1 x 2 P	
A 4: Es verlängert den Satz korrekt mit einer modalen Angabe, 1 x 2 P	
A 4: Es stellt den Satz korrekt um, 1 x 1 P	
A 5: Es verlängert den Satz korrekt mit einer kausalen Angabe, 1 x 2 P	
4.16 Brief schreiben **Nilpferd zu Besuch** Das Kind kann einen Brief schreiben.	38 P max.
A 1: Es schreibt nach den allgemein üblichen Briefregeln: Briefkopf, Anrede, übersichtliche Gliederung in Absätze, Schlusssatz, Gruß, Unterschrift, 5 x 1 P	
A 1: Es bildet komplexe Sätze mit Nebensätzen, zusätzlich je Satz 1 P	
A 1: Es verwendet Adjektive, je Satz 1 P	
A 1: Es verwendet unterschiedliche Satzanfänge, insges. 5 P	
A 1: Es nutzt gewonnene Einsichten in die Groß- und Kleinschreibung der Wortarten, rechtschriftliche Abweichungen und Rechtschreibmuster, insges. 5 P	
A 1: Es schreibt nach Satzschlusszeichen groß, insges. 3 P	
Notizen	

Lernstände diagnostizieren

Klasse 2 - 4

von Ruth Cosson

ISBN 978-3-507-**40990**-3
alt: 3-507-**40990**-9

© 2004 Bildungshaus Schulbuchverlage
Westermann Schroedel Diesterweg Schöningh Winklers GmbH, Braunschweig
www.schroedel.de

Dieses Werk und seine Teile sind urheberrechtlich geschützt. Jede Nutzung in anderen als den gesetzlich zuge-
lassenen Fällen bedarf der vorherigen schriftlichen Einwilligung des Verlages. Hinweis zu § 52 a UrhG: Weder das
Werk noch seine Teile dürfen ohne eine solche Einwilligung gescannt und in ein Netzwerk eingestellt werden. Dies
gilt auch für Intranets von Schulen und sonstigen Bildungseinrichtungen. In Abweichung hiervon räumt der Verlag
ausschließlich für die als Kopiervorlagen gekennzeichneten Seiten ein Vervielfältigungsrecht durch Fotokopie und
Thermokopie ein, und zwar ausdrücklich nur für den jeweiligen Unterrichtsgebrauch.

Druck A [5] / Jahr 2008 07 06

Alle Drucke der Serie A sind im Unterricht parallel verwendbar. Die letzte
Zahl bezeichnet das Jahr dieses Druckes.

Redaktion: Uta Kural
Herstellung: Gundula Wanjek-Binder
Illustration: Anja Rieger
Umschlaggestaltung: Magdalene Krumbeck, mit einer Zeichnung von Anja Rieger

Satz: More*Media* GmbH · Dortmund
Druck: pva, Landau